Armenian Alphabet Handwriting Workbook

Traditional Armenian Alphabet

By – Alex Tamrazian

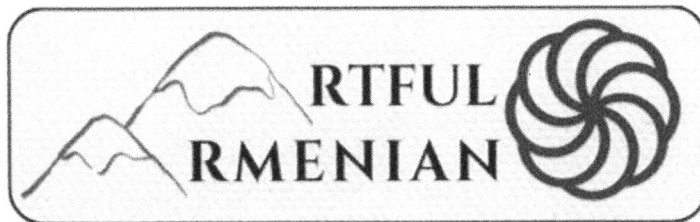

RTFUL RMENIAN

About this Book

Learn how to handwrite the Armenian alphabet with this fun writing workbook designed for kids, but suitable for all ages. Each letter is presented in both print and handwritten form and has both an accompanying picture and word to reinforce the learning process. This version uses the traditional Armenian alphabet, with 38 letters.

History of the Armenian Alphabet

The modern Armenian alphabet was mainly developed by Mesrop Mashtots in 405 AD and consisted of 36 letters. In the 13th century, 2 more letters were added, which established the traditional (or classical) alphabet which has a total of 38 letters. In the early 20th century, in Soviet Armenia, the alphabet underwent both a spelling and alphabet reform. This resulted in what is referred to as the reformed alphabet with a total of 39 letters.

The reformed alphabet is the official form used by the Republic of Armenia and the Republic of Artsakh. It is also used by most Eastern Armenian diasporans (such as from Armenia and Artsakh or living in/from Russia and Georgia). The traditional alphabet is used by Western Armenian diasporans and select Eastern Armenian diasporans (such as living in/from Iran).

About the Author

Alex Tamrazian is an Armenian living in Los Angeles, CA. He has a deep passion for the Armenian culture, history, and language. He is an engineer in the aerospace industry by trade, an amateur photographer/artist, and enjoys exploring the outdoors.

Artful Armenian

Connect with "Artful Armenian" on the various platforms below, for the latest news and access to the growing list of products:
- Instagram, Facebook, Etsy

Books can be found on the Amazon Author Page:
- amazon.com/author/alextamrazian

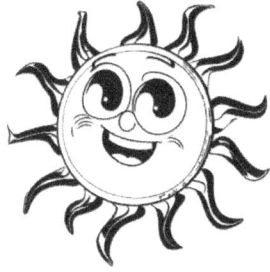

Ա ա *Ա ա*

Ա Ա Ա Ա

Ա

Ա

ա ա ա ա

ա

ա

Արեւ Արեւ

արեւ արեւ

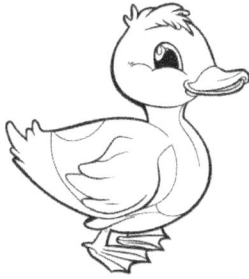

Բ բ

Բ բ

Բ Բ Բ Բ

Բ

Բ

բ բ բ բ

բ

բ

Բադիկ Բադիկ

բադիկ բադիկ

Գ գ

Գ գ

Գ Գ Գ Գ

Գ

Գ

գ գ գ գ

գ

գ

Գորտ Գորտ

գորտ գորտ

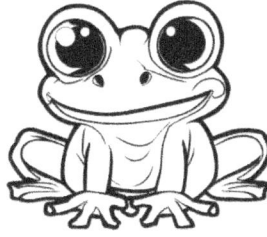

Դ դ

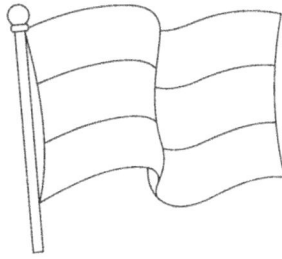

Դ դ

Դ Դ Դ Դ

Դ

Դ

դ դ դ դ

դ

դ

Դրոշ Դրոշ

դրոշ դրոշ

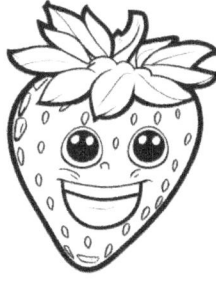

Ե ե Ե ե

ե ե ե ե

ե

ե

ե ե ե ե

ե

ե

ելակ ելակ

ելակ ելակ

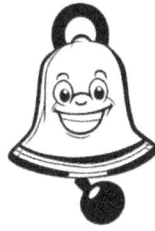

Զ զ

Զ զ

Զ Զ Զ Զ

Զ

Զ

զ զ զ զ

զ

զ

Զանգակ Զանգակ

զանգակ զանգակ

Է է

Է է

Է Է Է Է

Է

Է

է է է է

է

է

Էլ Էլ

էլ էլ

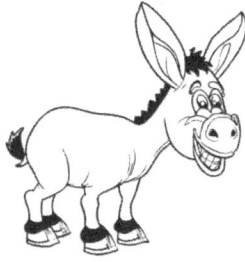

Ը ը

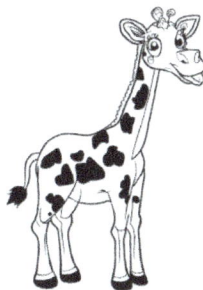

Ը ը

Ը Ը Ը Ը

Ը

Ը

ը ը ը ը

ը

ը

Ընձուղտ Ընձուղտ

ընձուղտ ընձուղտ

Թ թ

Թ թ

Թ Թ Թ Թ

Թ

Թ

թ թ թ թ

թ

թ

Թիթեռ Թիթեռ

թիթեռ թիթեռ

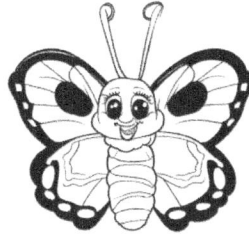

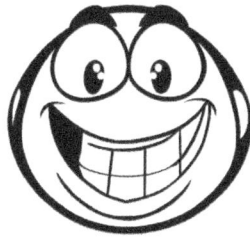

Ճ ճ Ճ ճ

Ճ Ճ Ճ Ճ

Ճ

Ճ

ճ ճ ճ ճ

ճ

ճ

Ճպուռ Ճպուռ

ճպուռ ճպուռ

Ի ի Ի ի

ի ի ի ի

ի

ի

ի ի ի ի

ի

ի

ինը ինը

ինը ինը

Լ լ

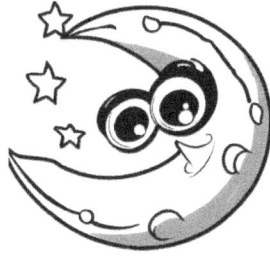

Լ լ

Լ Լ Լ Լ

Լ

Լ

լ լ լ լ

լ

լ

Լուսին Լուսին

լուսին լուսին

Խ խ  խ խ

խ խ խ խ

խ

խ

խ խ խ խ

խ

խ

խնձոր խնձոր

խնձոր խնձոր

Ծ ծ  Ֆ ֆ

Ծ Ծ Ծ Ծ

Ծ

Ծ

ֆ ֆ ֆ ֆ

ֆ

ֆ

Ծիաֆան Ծիաֆան

Ֆիաֆան Ֆիաֆան

Կ կ

Կ կ

Կ Կ Կ Կ

Կ

Կ

կ կ կ կ

կ

կ

Կատու Կատու

Կատու Կատու

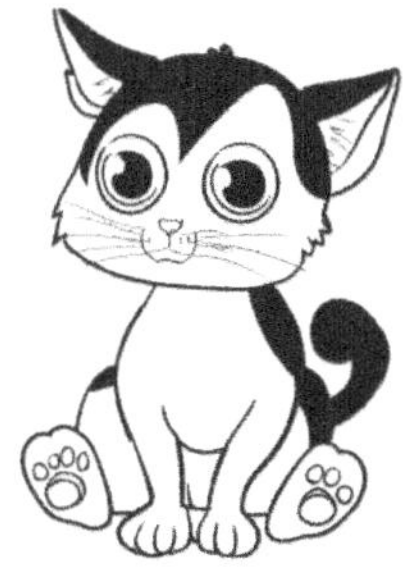

Հ հ

հ հ

հ հ հ հ

հ

հ

հ հ հ հ

հ

հ

հավ հավ

հավ հավ

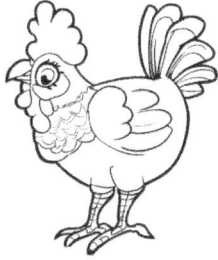

Ձ ձ  Ձ ձ

Ձ Ձ Ձ Ձ

Ձ

Ձ

ձ ձ ձ ձ

ձ

ձ

Ձուկիկ Ձուկիկ

ձուկիկ ձուկիկ

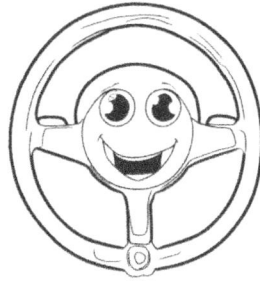

Ղ ղ

Ղ ղ

Ղ Ղ Ղ Ղ

Ղ

Ղ

ղ ղ ղ ղ

ղ

ղ

Ղեկ Ղեկ

ղեկ ղեկ

Ճ ճ Ճ ճ

Ճ Ճ Ճ Ճ

Ճ

Ճ

ճ ճ ճ ճ

ճ

ճ

Ճուտիկ Ճուտիկ

ճուտիկ ճուտիկ

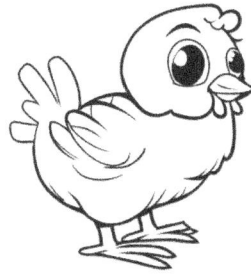

Մ մ

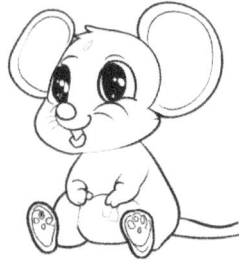

Մ մ

մ

մ

մ

Մ

Մ

Մ

մուկիկ

Մուկիկ

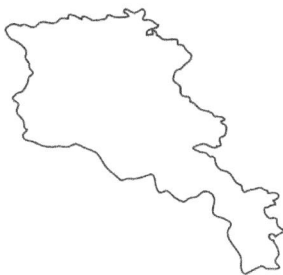

Յ յ

Յ յ

Յ Յ Յ Յ

Յ

Յ

յ յ յ յ

յ

յ

հայաստան հայաստան

հայաստան

Ն ն Ն ն

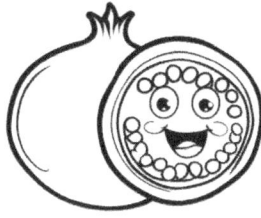

Ն Ն Ն Ն

Ն

Ն

ն ն ն ն

ն

ն

նուռ նուռ

Նուռ Նուռ

Շ շ Շ շ

Շ Շ Շ Շ

Շ

Շ

շ շ շ շ

շ

շ

Շունիկ Շունիկ

շունիկ շունիկ

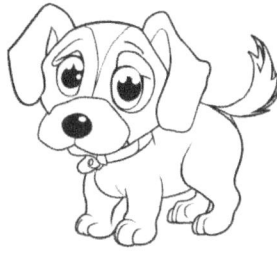

Ո ո

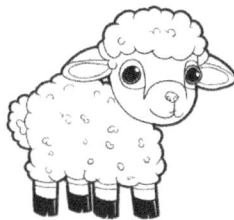

Ո ո

Ո Ո Ո Ո

Ո

Ո

ո ո ո ո

ո

ո

Ոչխար Ոչխար

ոչխար ոչխար

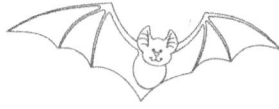

Չ չ

Չ չ

Չ Չ Չ Չ

Չ

Չ

չ չ չ չ

չ

չ

Չղջիկ Չղջիկ

չղջիկ չղջիկ

Պ պ 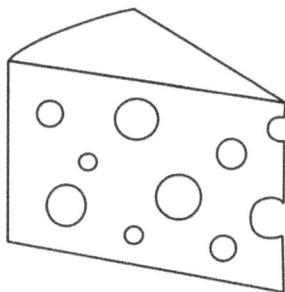 *Պ* *պ*

Պ *Պ* *Պ* *Պ*

Պ

Պ

պ *պ* *պ* *պ*

պ

պ

Պանիր *Պանիր*

պանիր *պանիր*

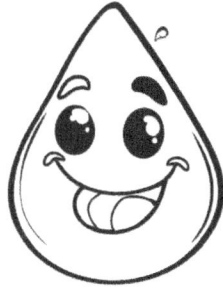

Ջ ջ Ջ ջ

Ջ Ջ Ջ Ջ

Ջ

Ջ

ջ ջ ջ ջ

ջ

ջ

Ջուր Ջուր

ջուր ջուր

Ռ ռ

Ռ Ռ

Ռ Ռ Ռ Ռ

Ռ

Ռ

ռ ռ ռ ռ

ռ

ռ

Ռետին Ռետին

ռետին ռետին

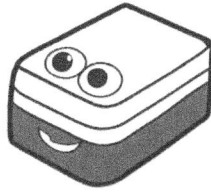

Ս ս Ս ս

Ս Ս Ս Ս

Ս

Ս

ս ս ս ս

ս

ս

Սիրտ Սիրտ

սիրտ սիրտ

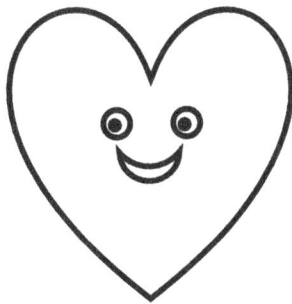

Վ վ

Վ վ

Վ Վ Վ Վ

Վ

Վ

վ վ վ վ

վ

վ

Վարդ Վարդ

վարդ վարդ

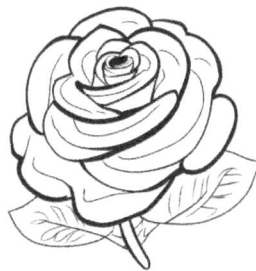

Տ տ Տ տ

Տ Տ Տ Տ

Տ

Տ

տ տ տ տ

տ

տ

Տուն Տուն

տուն տուն

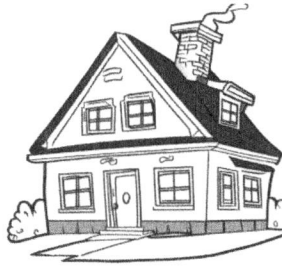

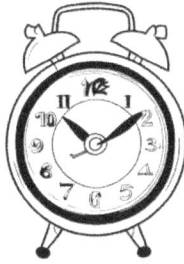

Ր ր Ր ր

Ր Ր Ր Ր

Ր

Ր

ր ր ր ր

ր

ր

Րոպե Րոպե

րոպե րոպե

Ց ց

Ց ց

Ց Ց Ց Ց

Ց

Ց

ց ց ց ց

ց

ց

Ցորեն Ցորեն

ցորեն ցորեն

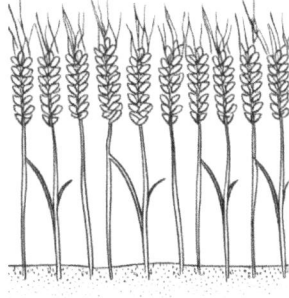

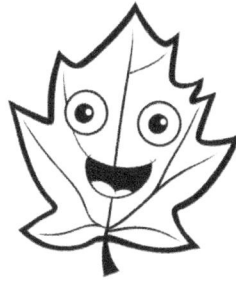

Ւ ւ ւ ւ

ւ ւ ւ ւ

ւ

ւ

ւ ւ ւ ւ

ւ

ւ

տերեւ տերեւ

տերեւ

Փ փ

փ փ

փ փ փ փ

փ

փ

փ փ փ փ

փ

փ

փիղ փիղ

փիղ փիղ

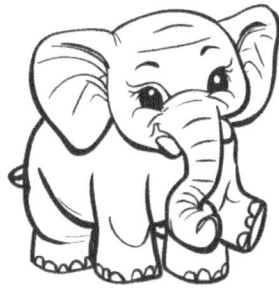

Ք ք

Ք ք

Ք Ք Ք Ք

Ք

Ք

ք ք ք ք

ք

ք

Քիթ Քիթ

քիթ քիթ

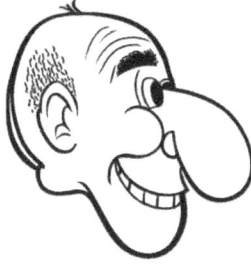

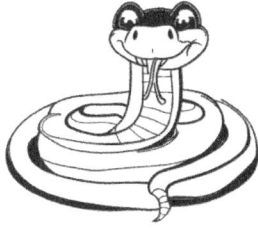

O o *O o*

O O O O

O

O

o o o o

o

o

Oz Oz

oz oz

Ֆ Ֆ  Ֆ Ֆ

Ֆ Ֆ Ֆ Ֆ

Ֆ

Ֆ

Ֆ Ֆ Ֆ Ֆ

Ֆ

Ֆ

Ֆուտբոլ Ֆուտբոլ

Ֆուտբոլ Ֆուտբոլ

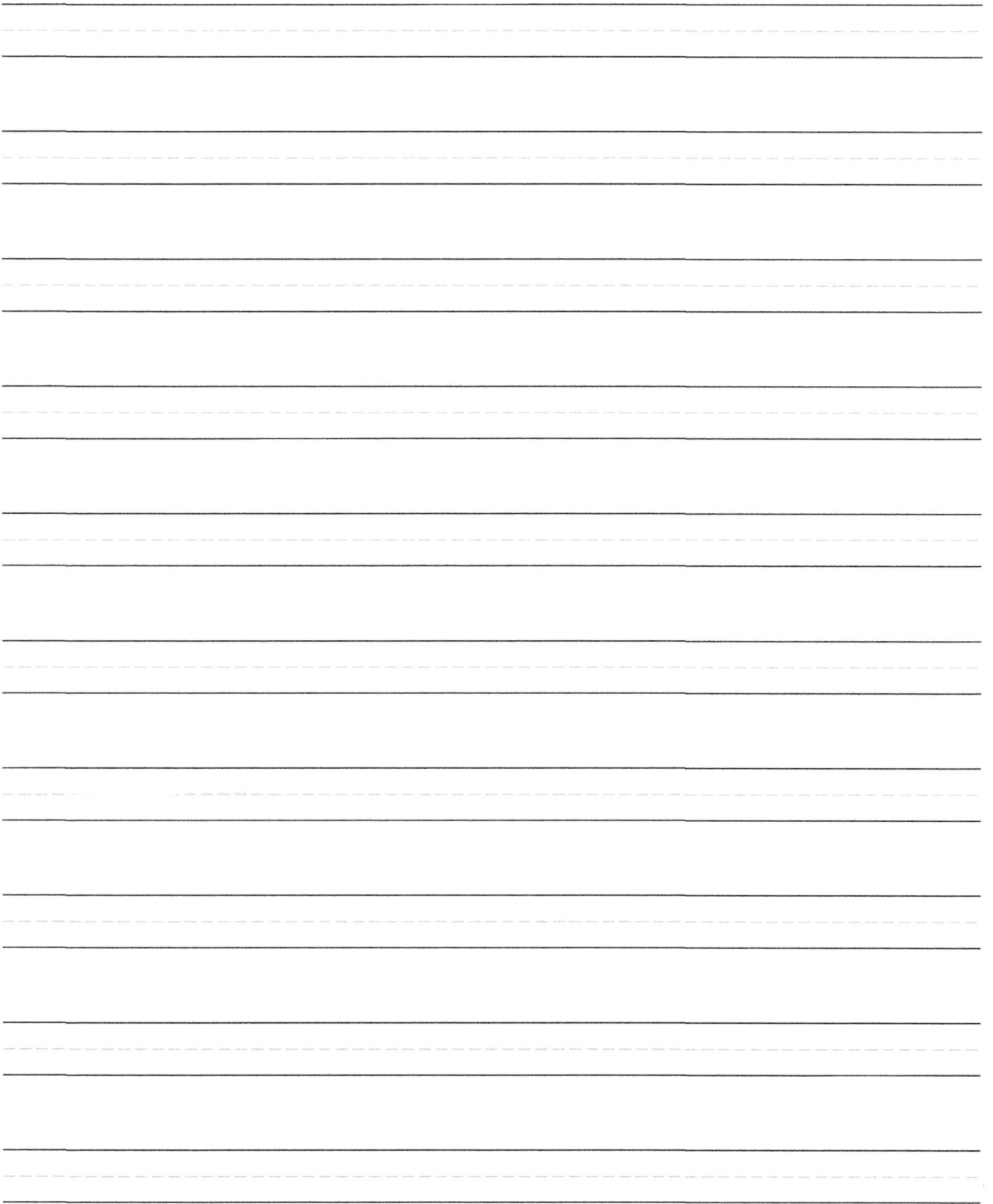

Made in the USA
Las Vegas, NV
06 March 2025